JN079011

会社の鎖から自由になる

決断の練習

エクササイズ

株式会社 GLOBAL POWER EXPERT
高梨陽一郎 Yoichiro Takanashi

すべての制限が
なかったら、
あなたは、
どんな風に
生きるだろう

1億円
が

手元に
あったら、

何をする？

**本書で紹介する、望む人生を手に入れる
ココロのアップグレード【4step】**

決断する
勇気と情熱を持って、会社に縛られず
望む人生を生きることを決める

いつもと違う行動をする
決められたルーティンではなく、普段、
思いもつかない行動を自分で決める

全身で体感する
「非日常体験」を心の底から体感し、
今の日常以上の世界を感じとる

習慣にする
常識と制限よりも、自由に望む人生を
手にできるイメージを持ち続ける

勇気と情熱をもって
全力で生きよう！

　私のブログは必ずこの言葉で締めくくるようにしています。これは私の座右の銘であり、人生のテーマです。

　今、勇気と情熱をもって全力で生きている人が、とても少ないと感じています。夢を持てない時代になっていると思うのです。

　夢を見たってしょうがない、夢では食べていけない。そんな声が聞こえてきそうです。

　今でこそ私は、子どもの頃からの夢だった「世界中を飛び回る」という生活を送っていますが、大人になって働きだしても、しばらくの間は全くそのような生活を送れていませんでした。ましてや**24歳の時、9億円の借金を残して父親が亡くなった**のです。誰から見ても絶望的な状況だったでしょう。

　でも私は芯をぶらさず、一歩一歩進んできました。それは**夢**

4

があったからです。

　子どもの頃にテレビで観た洋画アニメや旅番組。世界中の景色、仲間と一緒に旅をするあのワクワク感。そして私が子どもの頃、日本には活気があり、格好いい大人がたくさんいました。**世界中を飛び回る、格好いい大人になりたい**という思いが、私を前進させてくれたのです。そして会社員を経て独立・起業し、今では海外旅行ができるようになりました。

　そしてここから、夢を持つことと同じように、体験することが重要なのだと気が付くのです。

　海外旅行ができる生活になってもしばらくは、ハワイのようなリゾート地に入り浸っていました。その頃の夢は「ハワイで暮らす」こと。安全で過ごしやすい場所を、ツアーのように決められたルートで回ることが多かったのです。

　しかし**数年前に世界一周・片道切符・ひとり旅をしたときに、その感覚が変わっていきます。**人に言われたルートではなく、自分でルートを決める。そこでさまざまな体験をしたことで、より高い視野、グローバルな視点を持てるようになってきました。

情報は、インターネットを駆使すればいくらでも調べられますが、それは体験をすることとは大きく違います。体験には**実感を伴う**からです。情報に触れるだけでは決して得られない、多くのものを手にすることができると分かりました。

　そうした体験を繰り返すことで、自分が立ち止まることなく、成長できていると感じています。実際、数年前まではハワイに移住してのんびり過ごそうと思っていた私ですが、今のアジアのエネルギーを感じ、まだまだビジネスでチャレンジしてみたいと思うようになりました。そこで決めたのが、バンコクへの移住。**さまざまな人との出会いや体験を通して、新たなビジネスを構築することにしたのです。**

　私はいつも**「その時にできる最大限の行動をする」**ことをしています。世界中を飛び回る生活が今できていなくても、空港に行くことはできます。パスポートを取得することはできます。そうすることで、**セルフイメージが変わり、夢がとても叶いやすくなりますし、刺激を受けることで自分がアップグレードされていく**からです。

　この本ではその方法をご紹介したいと思います。簡単なものばかりなので、今日からでも始められるはずです。

さあ、あなたも、今日から、子どもの頃に憧れた大人になるための一歩を踏み出そう！

過去の
自分を

思い
出して
みよう

眠っていた記憶が
進むべき道を
示してくれる!!!!

　勇気と情熱をもって全力で生きるための、最初のステップとなるワークを始めます。

　それは**「過去の自分を思い出す」**こと。このワークは「ブレインダンプ」といい、脳のなかにあるものを吐き出すという意味です。

　最近、さまざまな人と話していて思うのは、自分のやりたいことが見つからないという人が驚くほど多いということ。この本を手に取っているあなたも、もしかするとそのひとりかもしれませんね。なかには**普段の生活や仕事を義務感でこなしているうちに、自分が本当にやりたいことはなんなのかわからなくなってしまった**という人もいるのではないでしょうか。

　また、すでにビジョンをしっかり持っているという方も、ぜひこのワークをやってみてほしいと思います。なぜなら、あな

たが持つビジョンは誰かの夢や望みだという可能性があるからです。

　面白いのは、このワークをやる前と後では、全くビジョンが変わりうる可能性があるということ。たとえば、ある人は成功をした時のイメージとして「都内の一等地にある高級タワーマンションに住む」、「高級車に乗る」というものを持っていました。しかしワークをやってみると、その人が本当に望んでいるのは自然に親しむ生活だったのです。このように**世間一般で言われる成功者のイメージを追っているうちに、自分の夢を見失ってしまう**というのはよくあることです。

本当に自分がやりたいことは、未来にあるのではなく、自分の過去にある。

　ではここで実際にこのワークを行い、自分の理念とビジョンを設定してみましょう。

ブレインダンプのやりかた

準備するもの
- Ａ4くらいの紙
- タイマー（携帯電話でも OK）
- 付箋（ふせん）

タイマーを 20 分に設定。

過去に、どんなことにワクワクしたか、夢中になったか、最も充実していたか、そして逆にどんなことが嫌いだったか、苦手意識を感じたかなどを、付箋にキーワードで書きだしていく。きれいに書く必要はないので、なるべく手をとめないように出し切る。

20 分経ったら、それを時系列に沿って、ひとつのストーリーにまとめる。

文章としてうまくまとめようとしなくても大丈夫です。

さて、どんなストーリーが見えてきたでしょうか。過去に自分が好きだったことを、思い出しましたか？そこから、自分が本当はどう生きたいかが見えてくるはず。

ワーク：ブレインダンプ
付箋にキーワードを書いて時系列に並べてみよう

過去を吐き出し、
理念とビジョンを決めよう！

　このワークを行うと、**自分のことがよくわかるようになり、自分で自分をコーチングする、いわゆるセルフコーチングができる**ようになっていきます。そして自分のことがわかるようになると、人のこともわかるようになり、人にもコーチングができるようになるという副産物もあります。

　冒頭にも少し書きましたが、私が子どもの頃、夢中になったのがトムソーヤの冒険などの洋画アニメでした。子どもだけで洞窟冒険をしたり、家を作ったり。その姿に心奪われ、自分も冒険がしたいと思うようになったのです。みんながキャプテン翼に憧れて、サッカー部に入る中、「地図旅行クラブ」という地図の上で旅行をするというクラブに入りました。いつも地図帳を持ち歩いて、暇さえあれば世界中の地図を眺めているという、ちょっと暗い少年でした（笑）。

　でもその過去の自分が、私の中に「世界中を飛びまわる生活を送る」という明確なビジョンを作りました。

自分の願いや夢を制限する必要はありません。あなたはそれを必ず叶えることができます。

勇気をもってそのビジョンを
設定しましょう！

今日の質問

「あなたが子どもの頃に思い描いていた未来は、どんな未来ですか？」

1億円

が

手元に

あったら、

何をする？

お金を手にした未来から本当にやりたいことを探し出せ!!!!

みなさんに質問があります。

「10年後、年収をいくらにしたいですか?」

自由に発想してみてください。仮に1億円だとしましょう。では次に、1億円が手元にあったら、何をしたいですか?

どんなビジョンが見えますか?あなたはどんなことをしていますか?

「これをやりたいんだけど、お金がなくて……」

そんな声を聞くことがあります。何かやりたいことがあるけれど、お金や時間がなくてできないという人は、多いのではないでしょうか。しかしそれを言い訳にしていたら、**いつまでたっても現実は変わりません。**

もう少しお金が貯まったら、もう少しまとまった時間ができたら……そう考えていくうちに刻々と時間は過ぎていきます。

お金は手段に過ぎない
その先に本当の豊かさはある！

　皆さんに夢を聞くと大体の人が「お金が○○円ほしい」、「年収を１千万にする」と言います。お金のことを目標にしている人がとても多いのです。その時に私が聞くのが、**「そのお金が手に入ったら何をしたいのか」**ということ。そこで答えたものが、本当にあなたがやりたいことのはずです。

人生の目的はお金を稼ぐことではない！

　お金は、自分が生きたい人生を送るための、手段のひとつでしかないのです。しかし今、手元にある額が少ないと思っていると、人生の目的がお金を稼ぐことになってしまいます。

　人生の楽しさを追求したい、もっと人に貢献したい、自由な思いがあふれてくるのではないでしょうか。多くの人はお金を手にすることをゴールとして意識していますが、お金を手にしたあとにどんな人生を送るかをイメージすることが大事です。

この時、注意してほしいことが2つあります。

1つは、イメージする人生に、制限をかけないでほしいといううことです。人間というのは、無意識に自分に制限をかけてしまいます。そして制限をかけてしまうと、それ以上のことが起こることは稀です。たとえばサッカー選手を目指す人がいたとして、選手になることを目指すのか、世界で活躍する選手を目指すのかでその人の行動は大きく変わります。選手になることを目指す意識のまま、世界で活躍するというのはまず無理でしょう。だからこそ制限ない自分をイメージすることが大切なのです。

リミットを蹴やぶり
自分が想像できないゴールを目指せ‼

もう1つは、**なりたい自分になる方法というのは、積み上げではない**ということです。多くの人は、1つのステップをクリアできたら、やっと次のステージにいけるというように、人生を階段のようなものだと想像しています。しかしこれは全く違うということを、わかってほしいのです。

大きく飛躍できるかは、自分次第！

　自分が想像もできないくらいのゴールにたどり着いたら、どんな自分になるのか、どんなことができるのかを想像してみてください。

　本当にやりたいこと、生きたい人生を、**何の制限もなく望むことで、初めてそのスタートラインに立てる**ようになります。自分にかけた制限をひとりで外すのはとても難しいことです。ぜひこの本をあなたの人生のパートナーにしていただき、書かれたことを１つ１つ実践してみてください。

制限は外れ、自由に願うことがきっとできる!!

今日の質問

「時間・お金・場所・人間関係の自由を手に入れたら、あなたは何を成し遂げたいですか？」

会社を
辞めることを

想像してみよう

人が決めた
人生のレールから
ハミ出せ！！

　私は昔から**「もっと自由に働きたい」**と考えてきました。週5日、会社に通い、長時間にわたって拘束される。さらに社内や取引先との人間関係に悩む……自分の人生を考えた時に、こういったことから解放されて自由に生きたいという思いが強くなり、それを実現させるために、自ら会社を立ち上げたのです。

　あなたがもし今、会社勤めをしているのでしたら、**会社を辞め、肩書きを捨てたあなたを想像してみてください**。どんな気持ちがしますか？

　正社員の道を手放すなんてできない、怖い、不安定だ、そういう思いの人もいるでしょう。

思考停止状態で、
幸せの形を決めてはいけない

過去に、私に対して「正社員のほうがいい人生」というような言葉をかけてきた人もいました。

　私は大学中退後に実業団に入り、17年間アメフトをプレイしていたのですが、引退したあとに一旦フリーターになった時期がありました。その間、いろいろ勉強をして再就職しようとしたのですが、私の経歴だと正社員での就職は難しいと思ったので、派遣社員としてWEB制作をやっていたのです。それが26歳の頃。

　ある日、同年代くらいの取引先の営業マンがきて、雑談をしていた時に私が派遣社員だという話になり、「ああ、そうなんだ」と言われたことがありました。その時はとくに何も思っていなかったのですが、その後に転職してその人に会った時、「正社員になれたんだ。よかったね！」と言われたんです。

　その時の記憶が私のなかにとても残っています。**私は正社員にこだわっていたわけではないですし、むしろ自由に仕事をしたいという気持ちのほうが強かった**のですが、正社員でなくてはならないという考えの人もいるということに驚きました。

　そういう人がだめだとか、会社勤めが悪いとか、そういうことを言いたいのではありません。ただ**正社員になれる＝いい人生と、何も考えずに思っている人がとても多い**と感じています。しかし、

人生は本来、もっと自由なもの。

　発想を広げ、何を優先するかを選択できるということを、あなたに伝えたいのです。

　不安が強くて会社を辞めることなんてできないという人もいるでしょう。こういう時に私はいつも、**リスクを明確化しよう**と伝えています。**不安や恐怖は、起こらないものを持っていたり、漠然としている**からです。

　会社を辞めて、もし来月の給料がもらえなくなったらどうなるでしょうか？セミナーなどで聞くと、「家賃が払えない」、「食費が払えない」という答えが返ってきます。でもそのあとに「本当にそうですか？」と聞くと、しばらく考えたあとに「親から借りることもできるな」とか、「最悪実家に帰ればいいか……」とみなさん答えます。食べられなくなるという人がいますが、**今の日本では餓死する状況のほうが稀です。**

　生活保護もありますし、カードローンをするなど、なんとかなってしまうはずです。このようにリスクを明確化すると、毎月決まった給料が支払われないことは実はそんなに怖いことではないと気が付くでしょう。

以前、淡路島に行った時に、ここには何もないけれど、すべてがあるという気持ちになりました。**自然や人の温かさなど目には見えない物で、心が満たされたのです。**逆に東京にいると、いろんな物があるけれど、物で埋め尽くされているだけの空っぽの場所という気持ちになります。人間もそれと同じ。

肩書きで自分をいくら飾っても、本当の自分が魅力的でなければ意味がない。

　それに会社に雇われたほうがいいとか、正社員でなくてはならないというのは、**所詮誰かの決めた価値観に過ぎません。**

自分の生きる道は、自分で決められる自分でいよう！

今日の質問
「あなたに会社の肩書きがなかったら、どんな自己紹介をしますか？」

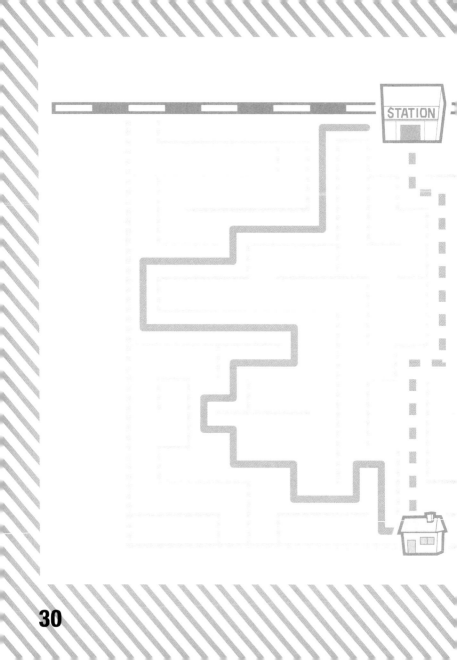

いつもと違うルートで帰宅する

自らルートを決め、
思考停止状態から
抜けだせ！

　皆さんは、通勤時間をどのように過ごしていますか。最近は電車に乗ると、誰もがうつむいてスマホを眺めています。また、貴重な睡眠時間という人も、なかにはいるかもしれないですね。

　私も以前はまったく同じでした。**往復で4時間もかかる会社に通勤していたのですが、その時の記憶がまったくない**のです。1週間で20時間も通勤に費やしているにも拘わらず、です。

記憶に残る過ごし方が
できていないのは、
生きていないのと一緒。

こんな人生の無駄使いはないと、今は心の底から思っています。

しかしいくら通勤時間が無駄とはいえ、急に引っ越しをしたり、会社を変えたりするのは難しいでしょう。ですから皆さんに提案したいのが、**いつもと違うルートで帰宅する**ということです。ルーティンを変えることで思考が変わります。

行動を変えると、
見える世界が変わってくる。

またこのルートを変えるということが、**決断の練習になる**こともあります。ルーティンばかりを続けていると、なかなか自分で決断することができなくなってしまうものです。あそこに見たい景色があるから歩いて帰ろうとか、今日はあのカフェで一杯コーヒーを飲んで帰ろうなど、決断を繰り返すことが大切です。

決断していくと、
思考停止の状態から
抜け出すことができる。

　そして、いつもよりゆっくり歩いてみるのもおすすめです。半分のスピードで歩くと、景色がその倍になって見えます。歩くことにかける時間が増え、発見できることも増えるはずです。スマホを見ながら歩いていたら気付けないような、空の青さや、道端の花に目を向けると、歩いているプロセスにフォーカスすることができます。**ただ「通勤する」だけの時間が大きな意味を持つようになるのです。**

　突然、自分の生活を180度変えることはできないとしても、ルートを変えたり、歩く速度を変えることで、何か新しい発見をすることができるということに、気付けるはずです。

　これは通勤ルートのことだけではなく、人生も同じです。勉強していい学校、いい会社に入り、定年まで働くことを目指している方が多いと思いますが、それは所詮誰かが作ったレールでしかありません。

誰かが作ったレールのうえを
走っていても、変化は何も起きない。

　私も前述の通り、海外旅行に行けるようになってもしばらくは、ハワイのようなリゾート地ばかりに行っていました。安全で過ごしやすい場所というメディアが発信するイメージ、常識のなかでだけ行動をしていたからです。しかし数年前に世界一周旅行をしたときには、世間の常識には一切とらわれず、自分でルートを決めて行動しました。

　こういった行動を突然とるのは勇気がいるかもしれませんが、**思考停止をやめ、自分で自分のルートを決める練習をしていけば、人生の大きな決断を迫られたときに、自分らしい決断が段々とできるようになるのです。**

いつでも自分らしい決断ができる、
人生を生きよう！

今日の質問
「今日、あなたはどんな決断をしますか？」

夜寝る前に
今日
感謝できる
ことを

3つ
考えてみよう

感謝の気持ちが、
自分も周りも
変えていく‼

　私には、一日の終わりに布団に入りながら必ずやることがあります。それが、**今日の出来事を振り返り、感謝できることを3つ考えてみる**というもの。どんなに疲れていても、どんなに嫌なことがあった日でも、この習慣だけは欠かさないようにしています。

　なぜそんなことをしているのか、理由は2つあります。

　まず、**感謝や貢献の気持ちを持つことは、人生をとても豊かにしてくれる**からです。よく、感謝できることなんてひとつもないと言う人がいますが、はたしてそれは本当ですか。今、皆さんの周りを見渡してみてください。そこにある物は必ず誰かの手で作られているはずです。そしてそれが人の手を渡って、今あなたの手元にあります。あなたの生活を豊かにしてくれているのです。

例えばそれがどんなにささやかな食事でも、料理を作ってくれる人がいなければあなたが食べることはできないはずです。それは当たり前のことではありません。

口に出して感謝することで、相手に豊かさが伝わり循環していく。

また、いい状態で眠りにつくことは、**睡眠の質を高めてくれる**ことがわかっています。そうすると翌朝もすっきり起きられますし、健康にもつながっていくのです。健康な状態ですと、より質の高い人生を歩めるようになります。

心穏やかな状態で目を覚まし、すっきりと一日をスタートさせよう!!

過去に、**感謝の重要性を実感した**ことがあります。
それが「感謝の朝礼」です。会社員時代に、業績がとても悪くなってしまったことがあり、幹部社員が九州のある会社に研修に行ったのですが、その時に行われていたのが「感謝の朝礼」でした。

その会社では、毎朝１時間半にわたって、全員が集まり円に
なって座ります。そしてその日の対象者に向けて「この前はご
飯をごちそうになって、ありがとうございました」とか、「フォ
ローしてもらったおかげで仕事が円滑に進みました」というよ
うな感じで、感謝を伝えていきます。私はその姿に感動し、う
ちの会社でも導入しようということになりました。

　しかし最初のうち社員は、人をほめることが全くできません
でした。それどころか、私たちを見て「変な宗教に洗脳されて
帰ってきた」と言う社員もいるくらいで（笑）。とにかく半年
間は必ず続けようということになっていたので、様子を見てい
ました。

　すると半年後には社員全員がお互いに感謝ができるように
なって、朝礼以外の場所でも**感謝を口に出すのが当たり前に
なっていった**のです。そのことで会社の雰囲気は大きく変わ
り、社員同士の信頼も深まりました。驚くことに**業績も回復し
ていった**のです。

　その時に感じたのは、感謝をし、その言葉を口にすることで、
人間関係は大きく変わり、その雰囲気が伝わるとコミュニティ
全体に変化が出るということ。この口にするというのがとても

大事なことではないかと思うのです。

思うだけでは感謝は伝わらない。

口に出すことで相手との関係を大きく変えていくのです。

　皆さんも毎日寝る前に感謝することを探し、もし可能なら相手にも伝えるようにしてみてはいかがですか。

感謝で、人生は驚くほど豊かになる!!

今日の質問
「今日、あなたが感謝できることはなんですか？」

毎月1回、
空港に
出かけよう

非日常へ誘う環境に
自分をさらせ!!!!

　ブレインダンプを経て、自分の理念やビジョンができたら、次は具体的な一歩を踏み出してみましょう。

　たとえば私のように、世界中を飛び回るビジョンがあるとします。それを叶えるための第一歩として皆さんがやりがちなのは、お金を貯めることです。もちろんそれも悪いことではないのですが、お金が思うように集まらないと、自分が世界を飛び回るイメージがどんどん薄れていってしまい、「**自分にはやっぱりできない**」とあきらめてしまう人が多いのです。

　そこで効果を発揮するのが、**自分ができる範囲で具体的な行動をしてみる**ことです。私は世界を飛び回る生活が全くできていない頃から、月に一回は必ず空港に行くようにしていました。空港で時間を過ごしていると、そこにいるのは世界中を飛び回ることが当たり前の人ばかり。自分もそうなってもまったくおかしくないと思えるようになり、**セルフイメージがどんど**

んあがっていったのです。 空港に行く度に、自分もいつか飛行機に乗って世界を飛び回る生活になれるという思いがどんどん強固になっていきましたし、数年後には実際にそのような生活が送れるようになりました。

　人は自分の可能性を信じられず、「できる」、「できない」をなんの根拠もなくジャッジしてしまいます。そうではなく、自分の可能性を信じて、セルフイメージを高めることを習慣化していき、

そのイメージ通りに行動していけば、必ず夢は達成できるようになる‼

　自分が歌手になるというイメージがあるなら、いきなりプロの歌手としてデビューできなくても、カラオケに行ってみる、オーディションを受けてみる、少人数の前で歌ってみる、というようなことができるはずです。他にも、料理人になりたいということなら、自宅に友人を招いて料理を振舞ってみるのもいいでしょう。

　人間には不快的領域と、快適領域、いわゆるコンフォート

ゾーンというものがあります。自分が快適に感じる領域が快適領域で、その外が不快的領域です。たとえば引きこもりの人がベッドのうえで生活をしていたとしたら、その人にとってはベッドが快適領域なわけです。しかしベッドから出て自分の部屋の中で過ごすことができたら、部屋全体が快適領域になっていき、家の外に出られるようになったらさらにその領域が広がっていきます。

快適領域が広がるほど、
人生の質はよくなっていく。

　自分のできる範囲でひとつずつ行動をしていくことで、人生の快適領域は広がっていきます。大きな一歩を踏み出すのは勇気がいるかもしれませんが、小さな一歩であればちょっと違うなと感じたらすぐに引き返すこともできます。想像してみるのと、行動してみるのでは大きな違いがあるということをぜひ体験してみてください。

　思っただけでは現実は変わりませんが、セルフイメージを持って行動していれば、現実も段々と変わっていきます。

行動すると
それが当たり前になっていく。

私は常に新しいことに臆さず挑戦していますが、大事なのはその内容というより、**人生のコンフォートゾーンを広げていくこと**だと思っています。あなたのビジョンに対して、今日からでもできることがきっとあるはずです。

さあ、今から行動を始めましょう！

今日の質問

「あなたの夢を叶えるために、今日できる一歩はどんな行動ですか？」

毎朝、5分間

トランポリンを跳ぼう

毎日5分でできる健康習慣を手に入れろ！！

　皆さんは健康について、どれくらい意識をしていますか？**健康というのは、食事、運動、睡眠の3つの要素によって形作られています。** そしてこれらは自分が気を付けて実践することで、大きく改善できるものです。**豊かな生活を送るうえで、健康は切っても切れないもの**だと私は思っています。

　そして健康について実践していくうえで大事なことは、**自分に合うものを選択すること**です。以前の私は、自分に合わないダイエットでリバウンドを繰り返していました。たとえばある時期やっていたのは、糖質をすべてカットし、週に2回ハードなトレーニングをするダイエット。食べることが大好きな私にとって、この急激なダイエットは向かないものでした。一時的には効果があってとてもやせることができるのですが、**維持ができず、リバウンドしてしまう**のです。

習慣化した健康法で、体を変えよう！

　そこで、健康法で大事なことは、習慣化できることだと気付きました。ひとつお伝えしておきたいのは、糖質をすべてカットするという方法自体は全く間違っていないということ。ただ私にはあまり合っていないということです。なので、その時の反省を活かして、今はパーソナルトレーナーについてもらいながら、継続しやすいトレーニングを週6回行う方法に変更しました。

　食事も糖質はとる代わりに脂質をカットする方法を取り入れることで、習慣化することができるようになり、理想的な体重を維持できています。**無理をして急激に生活習慣を変えるより、無理のない範囲で習慣化できる健康法を毎日5分でも続けるほうが、効果的**だと私は思います。

　そこで今私がおすすめしているのが、**毎朝5分間トランポリンを跳ぶ**こと。
　トランポリンは直径1mくらいの1人用の物なら、数千円で買うことができます。上下運動ができる運動法は他にあまりな

く、縄跳びのように膝に負担がかかることもありませんから、注目を集めている健康法です。**上下運動をすることで、リンパの流れが活発になりリンパ系の病気になりにくくなりますし、**5分飛ぶと、1km走るのと同じくらい、体力を消費してダイエットにもなります。また、跳ぶことで楽しい気分になり、明るく一日をスタートすることもできます。

　余談ですがアメリカの年収3,000万円以上のエグゼクティブはみんなトランポリンを跳んでいるという話があるそうです（笑）。真偽のほどはわかりませんが、こういったイメージを使わない手はありません。

「トランポリンを跳ぶほど、
夢に近づく」自分を
イメージしよう！

　トランポリンが難しいという人は、**朝一杯のレモン水を飲むとか、通勤の時に一駅分歩いてみる**とか、やることはなんでもいいのです。レモン水を飲むのは、お酒、たばこ、お肉を中心とした食事などで酸性になりがちな体を、弱アルカリ性に戻すため。病気になるリスクが減り、健康的になるといわれていま

す。要は**健康に対してできることを、継続していくことが大切**です。

健康であることで、良質なエネルギーが生まれ、人生はより豊かになる！

　毎朝できる健康の習慣を、ぜひ今日から始めてみてください！

今日の質問

「あなたが健康でいられる為に、今日できることはどんなことですか？」

シャツの
ボタンを
3つ
開けよう

人と違う自分を、臆さず見せつけろ!!

　私の好きな言葉で、座右の銘のひとつに**「勇気を持って誰よりも先に人と違ったことをする」**というものがあります。

　これはマクドナルドの創始者、レイ・クロックの言葉です。彼はマクドナルド兄弟が経営していたハンバーガーショップに初めて行った時、現在のファストフードの原点となる、スピードのあるサービスシステムやハンバーガー製造法、セルフサービスの仕組みにほれ込み、このハンバーガーショップを広げようとフランチャイズ化をすすめたそうです。

　兄弟は「そんなことをしたくない。今のままで幸せだから」と一度は断ったそうですが、兄が病気になってしまったこともありフランチャイズ契約が成立。そしてここからは皆さんもご存知の通り、マクドナルドは世界規模で展開するファストフードチェーンとなっていきます。

レイ・クロックがマクドナルドを設立したのは **52 歳の時**。フランチャイズを大規模に展開するなど、**他には誰もやっていないことでしたが、自分の信念を貫き、「勇気を持って誰よりも先に人と違ったことをする」ことで、大成功をおさめる**ことができたわけです。

　この座右の銘を私も心に刻んでいます。私のトレードマークとなっているのは、**シャツのボタンを 3 つ開けたスタイル**。これはイタリアで発見したのですが、イタリア人はシャツのボタンを開けて着ている人が多いんです。一方、日本人はきっちりボタンをしめて、ネクタイをつけるのが一般的なスタイルですよね。そこで私はこの真逆をやってみようと思ったわけです。

　人から「ちょっとシャツ開きすぎじゃないですか？」と言われることもありますが（笑）、このスタイルには自分のメッセージを込めています。**常識に対する反発、自由の象徴のようなもの**です。

人と同じでなければいけない
という概念に、
日本人は縛られすぎている !!

　人と違う自分を解放し、表現していくことは決して悪いことではありません。最初はもちろん勇気がいりましたが、**自分の個性を臆さず表現していくことで、自分の自信にもつながった**と思っています。

　会社勤めでは自分のスタイルなんて表現できない、と思われるかもしれないですが、私も会社に勤めていた頃は、最初から自分のスタイルを貫けていたわけではありませんでした。それでもあきらめず、**できる範囲で自分らしくいられるように**、スーツではなく私服での出社を提案して採用されたこともあります。そうやって段々と自分のスタイルを確立していきました。最終的には社内での勤務が多かったこともあり、ビーチサンダルを履いたり、Tシャツを着たりとかなりラフなスタイルで出勤することも多かったです（笑）。

　社会に出ると画一的な価値観のなかで生きようとしてしまいがちですが、勇気を持って人とは違う本来の自分らしさを表

現してみてください。

世界は大きく開けていく !!

今日の質問

「今日、あなたはどのような個性で自分を表現しますか？」

非日常
体験を
しよう

日常を抜け出せば、自分の世界は大きく広がっていく！

　私は海外でセミナーを開催することがよくあります。そして今でも、勉強のためにメンターのセミナーに参加することもよくあるのですが、海外で開催される時は、仲間と一緒に参加しています。セミナーで自分を引き上げるのはもちろん、海外で非日常体験をすることで、**自分の世界が大きく広がっていくからです。**

　さらに仲間と一緒に旅に行くことで、**ひとりでは絶対にやらないことに挑戦できる**というメリットもあります。

　たとえば過去にこんなことがありました。メンターのセミナー参加のために海外に行った時に、いきなり「高梨さん、白人の女性をナンパしてきてください」と言われたのです。**見た目よりずっと純情な私は、日本でもナンパなんかしたことがありません（笑）。**絶対にできるはずがないと思い、「無理無理無

理！」と首を横に振っていましたが、今までやったことがない
ことに挑戦すると大きく成長できることを知っていた私は、メ
ンターに背中をおされ、勇気を出して声をかけました。

　そうしたら意外にもちゃんと話せて、楽しい時間を持つこと
ができました（念のために伝えておくと、会話を楽しんだだけ
ですよ！）。

思い切った経験が、自分の思い込みを消してくれる！

　この経験によって、自分のなかにあった「日本人はバカにさ
れる」、「受け入れられない」という思い込みを消すことができ
ました。

　先ほどもお伝えした不快的領域と快適領域にも通じる話な
のですが、怖いと思っていることや、不安と思っていることは
体験をしていないことがほとんど。**体験をすることで自分の思
い込みを壊し、制限を外し、快適領域をどんどん広げていけば、
それに比例して人生の可能性も大きくなっていきます。**

簡単にできる非日常体験でしたら、やはり旅がおすすめです。海外まで行かなくても、普段は自分が行かないような場所に行ってみるだけで、いつもの感覚を抜け出すことができるはずです。**旅行に行く時間がないなら、ちょっとしたチャレンジでもいい**と思います。

苦手なこと、普段はやらない選択にこそ挑戦すべき！

　もし勇気が出なかったら、仲間と一緒にやってみることをおすすめします。きっとあなたの自信になるはずです。

　私の妻も、海外旅行が好きなのですが、先日勇気を出してひとり旅をしてみたら、ドはまりしたようです。先日も南米にひとりで1週間くらい出掛けていましたが、とてもイキイキした表情で帰ってきました。前よりいろいろなことに積極的になったと思います。

「できない」というのは、
あくまで自分のなかの
制限でしかない。

　それを壊すためにはできる範囲で行動して、その制限を外していくしかないわけです。そうすることで、**人生の可能性が広がり、どんどん豊かになっていきます。**

今日の質問
「今日、あなたはどのような非日常体験にチャレンジしますか？」

パスポートをとろう

切符を手に入れ、その目に世界を映し出せ!!

　パスポートの所持率は年々下がっており、全国民の 24％程度にとどまっているそうです。また、高いお金を払ってまで海外に行きたくないという若者が増え、留学に行く人もどんどん減っている状態です。その一方で海外志向が強く何度も海外に行く人もいて、その**格差が広がっている**のだとか。

　さらに皆さんも街中を歩いていて気が付いていると思いますが、留学や観光で日本に来る外国人の方が増えています。日本で働く外国人も増え、お店に行った時に店員が外国人ということも珍しくなくなりました。
　このことは統計から分かるだけでなく、**私がさまざまな国に行く度に感じていたこと**でもあります。どの国に行っても、出会うのは中国人や韓国人ばかりで、日本人に会う事はほとんどないのです。ここ数年でその傾向が、かなり強くなってきました。

この状況がどんなことをもたらすのかと考えると、国全体で見れば国際競争力がなくなり、グローバル化が遅れることが予測されますし、個人としてもグローバル感覚がない人が育つことになるだろうと思います。

世界を自分の目で見ることで、グローバルな視点は持てる！

　とは言っても、会社勤めでなかなか長期の休みがとれない人もいるでしょう。

　私自身、会社員時代は、年に1回程度しか行くことができませんでした。そんな方の**ファーストアクションにおすすめなのが、パスポートを作ること**です。パスポートを作ることで、世界に目を向けることができるようになり、グローバルな自分の可能性が広がっていきます。**パスポートを取得するのにはお金もかかりますし、5年もしくは10年の期限がありますから、なんとなく海外に行きたいと思っている気持ちが、絶対に行くという決意に変わり、実現しやすくなります。**

　海外に行くことのメリットは、ほかにもたくさんあります。**日本の常識と海外の常識との違いがわかるようになり、視野が**

大きく広がるでしょう。日本では当たり前とされていることでも、海外では当たり前とは言えないことが実はたくさんあります。そして逆に、日本の素晴らしさを知ることもできます。

　私が日本の素晴らしさとして実感しているのは、日本食の美味しさとサービスの質、治安の良さです。このように視野が広がれば、海外のいいところ、悪いところ、そして日本のいいところ、悪いところをフラットに見られるようになります。

限られた場所のなかでは、
世界を想像でしか判断できない。

　海外に対する憧れや悪いところも、実際に行ってみないとわかりません。私も以前、ギリシャに行った時にがっかりしたことがありました。行く前にはパルテノン神殿があったり、ギリシャ神話のイメージがあり、すごく格好いい国だということを想像していたのに、実際に行ってみると壁の落書きが何箇所にもあって汚かったり、治安が悪かったり。**実際に体験をするのと、想像することには大きな隔たりがある**のです。

　世界中を飛び回る生活に憧れていた私は、今では50か国以

上に行くことができました。しかしこれで満足ではありません。死ぬまでに必ず、全部の国を周りたいと思っています。仕事や子育てが落ち着いたら行こうと考えている人もいるかもしれませんが、海外に行くのは意外と体力を使うもの。

気力も体力も充実している今こそ、世界に飛び出す自分をイメージしてみよう！

今日の質問

「次にあなたが行く国はどこですか？」

iPhone
を持とう

シンプルで効率的。グローバルスタンダードなアイテムを手に入れろ！

　世界中を飛び回る生活を送っている私にとって、スマホやパソコンはなくてはならないもの。**Facebook や LINE や Zoom を使えば、世界中どこにいても情報発信によって価値を提供できたり、仲間たちと話をすることができる時代**です。

　10 年ちょっと前までは iPhone すらなくて、海外で携帯を使うことも、PC を持ち歩くことも、SNS で繋がることもできませんでした。だから世界に出てビジネスをやるなんて想像もできない世界でしたが、今はこうしてテクノロジーが発達したおかげで、**誰でも簡単に世界中から繋がることができて、どこにいてもビジネスが成り立ってしまう時代**になってきました

　そんな**私のスマホはいつも iPhone を選ぶ**ようにしています。シンプルで効率的で、グローバルスタンダードなアイテムといえるからです。

スマホはどれも便利ではありますが、たとえば日本しか生産していないような商品の場合、海外で盗まれたり壊れたりしてしまうと日本に帰るまでは修理することができません。実は私は海外で iPhone を壊したことや、MacBook を盗まれたことがあるのですが、この時に Apple 製品を使っていることのメリットをひしひしと感じました。

　iPhone なら iCloud にバックアップをとっておけば、世界中にある AppleStore ですぐに復活することができます。**グローバルスタンダードな商品を使うことで、どこでも効率よく仕事をできる**わけです。

　私のセミナー参加生でも、格安スマホや、すごく古いスマホ、パソコンを使っている人がたまにいます。たとえば 1 分 1 秒が貴重なコンサルティングやプレゼンの時に、立ち上げにすごく時間がかかってぱっと自分の資料が開けなかったり、すぐに通信制限がかかってしまってネット環境が悪いなど、**全く効率的に仕事ができていません。**

非効率な仕事で、ビジネスチャンスを逃してはいけない！

　確かに最新の iPhone は高額ですが、効率的に仕事をするためには、ある程度の投資も必要だと私は思います。ビジネスチャンスを失うことに比べれば、そこまで大きな出費だとも思いません。

　以前なら考えられなかったことですが、**思い立ったらすぐに海外旅行に行くということも、iPhone のおかげで可能になりました**。iPhone とリュックさえあれば、飛行機だってホテルだって、その日にその場で予約できますし、チェックインすらも可能です。世界中の地図が入っているし、空港に着いたら Uber でタクシーを呼ぶこともできます。

　これからもテクノロジーの進化は止まらないでしょうし、もっと私たちが想像できないくらい便利になって、今以上に世界のボーダーは無くなっていくでしょう。

最新のデバイスを使い、
ビッグウェーブに乗り遅れるな!!

今日の質問

「あなたのスマホとパソコンは、どのような状態ですか？」

髪を切ろう

新しい自分は、常に作り出すことができる!!

　私のセミナーの参加者に最初に出す課題が、**「次のセミナーに参加する時に髪型と服装を変えてくる」**というものです。これは**自分を変える最も簡単な方法**だからです。

　この課題を実行し、皆思い思いに髪型や服装を変えてきます。そうすると初回とは全く違った印象になることも少なくないのですが、驚くのはそれだけではありません。**表情が全く変わる**のです。髪型や服装というと外見的なことだけと思うかもしれませんが、本当に大きな力を持っているのだといつも実感します。

　新しい自分になるために、皆さんも髪型や服装をガラッと変えてみてください。自分のなりたい姿にするということでもいいですし、憧れの人と同じ服装にしてみる、今までの自分と真逆の髪型にしてみる、信頼する美容師さんにまるっきりお任せでカットしてみるなど、何をやっても構いません。「たったこ

れだけのことで」と皆さんびっくりするのですが、**新たな気持ちになれる**のです。

外見を変えるだけで、
ビジネスの成功さえ手にできる！

ビジネスの世界では有名な話ですが、「メラビアンの法則」というものがあります。1971 年にアメリカの心理学者アルバート・メラビアンによって発見された法則で、話し手が聞き手にどんな影響を与えるかを、「言語情報」、「聴覚情報」、「視覚情報」のそれぞれの観点から数値化したものです。

それによると影響力は、このように違うと言います。
- **言語情報（Verbal）…7%**
- **聴覚情報（Vocal）…38%**
- **視覚情報（Visual）…55%**

要するに、視覚から入ってくる情報が一番強く、そのあとに聴覚、言語と続きます。相手に与える印象を変えるには、視覚に訴える情報、つまり外見に関わる部分を変えることが一番早いのだということがわかります。

またそれぞれから入ってくる情報を統一することで、より説得力をもって相手に伝えることができるという面もあります。たとえばビジネスの話をして、口では「私はこんなに価値を提供している」と伝えていても、その恰好がみすぼらしいものであれば全く相手に伝わりません。私は世界中を飛び回る生活や、常識に縛られない生き方を提唱しているわけですが、その私が日本人の典型的サラリーマンの格好をしていたら、セミナー参加者に全く伝わらないと思いますし、説得力がないはずです。伝えることと、外見の雰囲気を合わせれば、相手はより納得感を持って話を聞いてくれるようになります。

　新しい自分になることは勇気もいるでしょう。しかし、なりたい自分の姿があるなら一度やってみたらいいのです。髪の毛だっていつか伸びるし、合わない服は脱げばいいだけ。取り返しのつかない失敗になど、なるはずもありません。

今日もお気に入りの自分で
出かけよう！

今日の質問

「あなたはどんな新しい髪形・服装にチャレンジしますか？」

欅坂46を
聴こう

メンター的作品に触れ、
自分を爆上げしろ‼

　理念やビジョンをもって生きていると、**ありとあらゆるものからメッセージを感じられる**ようになります。たとえばテレビから流れるアイドルの曲も、アンテナを張らずに見ているととくに何も感じられないかもしれませんが、そこには大きなメッセージが込められていることに気付きます。

　最近のアイドルでは、欅坂46の歌に強いメッセージ性を感じます。ご存知ない方のために、私が好きな「サイレントマジョリティー」という歌の歌詞の一部をここに抜粋します。

　君は君らしく生きて行く自由があるんだ
　大人たちに支配されるな
　初めから　そうあきらめてしまったら
　僕らは何のために生まれたのか？
　夢を見ることは時には孤独にもなるよ
　誰もいない道を進むんだ

この世界は群れていても始まらない

Yes でいいのか？

サイレントマジョリティー

秋元康（作詞）　バグベア（作曲）　JASRAC 出 2003579-001

声なき大衆にならないで、マイノリティーでもいいから、自分らしく生きるんだ

　そんな強い思いを感じます。私が社会に伝えたいこととも非常にリンクしていて、大好きな曲です。音楽のいいところは、すぐに聴くことができて、気持ちを立て直すことができること。自分がぶれていると感じた時に、一番いいのは自分を引き上げてくれる人に会うことですが、それができない時でも**音楽を聴くことで自分の軸を戻すことができる**のです。

　影響力のある人や作品から受ける影響を大切にすることで、自分が気付かないことを、気付くことができます。そう、**作品をメンターにする**のです。

メンターとの出会いが、
自分を大きく引き上げてくれる。

　以前の私は、**会社を辞めてからもなかなか本気で仕事に取り組むことができていませんでした。**副業程度にビジネスを行い、お金が尽きるとサラリーマンに戻ってどこかで働く、ということを何度か繰り返していました。しかしメンターと出会ったときに、もっと大きな可能性をもって生きられるということを教えてもらい、自由に生きていくという決意を固めました。

　さらにいうと、自分にもともとあった「世界中を飛び回る生活をする」というビジョンは、父がそのような生活をしていたことが大きく影響をしています。つまり**家族というチームのなかの、父というメンターがその可能性を教えてくれた**からこそ、持つことができたビジョンなのです。日本だと子どもを心配してなるべく失敗のないように、小さな世界で堅実に生きることを親が伝えることが多いかと思いますが、そうすると制限のあるなかで生きることになってしまいます。**自分の生きたい世界があるなら、その世界を知っているメンターに引き上げてもらうべき**です。

音楽はあまり聴かないという人は、映画でも漫画でも構いません。

　そういった作品が、**あなたを新たな世界に連れて行ってくれる**はず。

アンテナを張り、きっかけを与えてくれるものに触れて、自分を取り戻そう！

今日の質問

「あなたの人生を引き上げるために、どのような人や作品と出会いますか？」

「進撃の巨人」を読もう

逆算思考のストーリーに触れ、高い視野を脳内注入しろ‼

　優れた作品に触れるということを前項に書きましたが、**私が最近最もはまっているのが「進撃の巨人」**です。映画も観に行きましたし、漫画は何度も繰り返し読んでいます。もちろん展示イベントにも行きました（笑）。

　ご存知の方も多いと思いますが、「進撃の巨人」は圧倒的な力を持つ巨人に人間が食べられてしまうという衝撃的な設定の漫画。最初は単純に巨人と人間との闘いを描いた漫画だと思っていて、途中で読むのをやめてしまったのですが、あるきっかけでもう一度読み始めたところ、思いもよらない展開に引き込まれドはまりしてしまったのです。

　「進撃の巨人」はストーリーが展開してくと、世界観がひっくり返されていきます。勧善懲悪の世界観からスタートしますが、だんだんと何が正義で何が悪か、単純には判断できなくなっていくのです。

そしてさまざまな場面に張り巡らされた伏線を回収していくのが、「進撃の巨人」の醍醐味。たとえばドラゴンボールのように終わりが決まっていないまま、積み上げ式にストーリーが展開されている漫画とは違い、終わりが決まった状態で緻密に計算された設定があるため、最初に読んだときは気が付かないことでも、あとで読み返すと気が付くことがたくさんあります。

　ネタバレになってしまうので詳しくは書けませんが、漫画「進撃の巨人」第1話のタイトルは、「2000年後の君へ」。1話を読んだ時点では、何のことか全くわからないのですが、読み進めていくとなぜ2000年後なのかがよくわかります。

　つまり、「進撃の巨人」は「逆算思考」で作られた物語だということです。逆算思考とは、ゴールや目標を設定したうえで、今何をすべきか、何に取り組めばいいかを逆算して決めていくことをいいます。この視点はビジネスや人生にも活かすことができます。

挑戦者のマインドで絶望的な世界も駆け抜けろ！

　そして「進撃の巨人」のもう一つの魅力は、**挑戦者のマインドが織り交ぜられていること**。途中、絶望的な場面がいくつも出てきます。身近な者の死、裏切り、自分の力が及ばない瞬間。そんな状況のなかでも、歯を食いしばって立ち上がり、進んでいく主人公に心を打たれます。また誰かが**心を折られてしまっても、仲間たちの存在によって奮い立つシーンも多くあり、私が日頃から大切にしている「仲間と刺激しあうことで成長できる」ということが体現された漫画**でもあります。まだ読んだことがないという方、ぜひ読んでみてください（ちなみに私は10回以上、繰り返し読んでいます（笑））。

鳥肌必須のストーリーに刺激され、人生を変えよう！

今日の質問

「人生やビジネスを逆算思考して目標達成するために、今日できる最初の一歩はどんな一歩ですか？」

3日間で
東京沖縄を

OKINAWA

TOKYO

1日目

OKINAWA

TOKYO

TOKYO

2往復しよう

手に入れたいものが あるなら、 既に手にしている人を コピーしろ!!

　皆さんは、飛行機で旅行をする時にラウンジを使ったことは ありますか?クレジットカードのゴールドカードラウンジな どを使用したことがある人も、なかにはいるかもしれません ね。**この空港ラウンジのなかでもとくに豪華なのが、上位会員 だけが使用できる航空会社のラウンジ**です。広々とした空間の なかで、無料の飲み物や食事をとることができ、至れり尽くせ りのサービスがあります。その恩恵はラウンジにとどまらず、 チェックインカウンターや手荷物受取でも優先してもらうこ とができるのです。

　この上位会員になるためには、諸条件があります。たとえば ANA なら、プラチナステータスというステータスをとるために 飛行機の利用などで貯まるプレミアムポイントを 5 万ポイン

ト集めなければなりません。そのためだけに、ANA に乗って 3 日間で東京沖縄を 2 往復する人もいるほど。これを「**SFC 修行**」と言います。

　このポイントの集め方には是非があるでしょう（笑）。私としては世界中を飛び回る生活で格好よくポイントを貯めることを推奨したいですし、この SFC 修行を必ずしなければならないというわけではないのですが、ここで伝えたいことは、**何かを達成するためには方法があることも学んでおかなければならないということです。**

最短最速で成功するために、モデリングを身に付けろ！

　以前、ハワイでサーフィンをしていた時に、サーフィンとビジネスは似ているなと気が付きました。どちらも「STP」というマーケティングの方法を使うことで、うまくいくのではないかと気が付いたのです。

「STP」とは
・セグメンテーション
・ターゲティング
・ポジショニング
の頭文字のことです。

　セグメンテーションとはどんな市場があるのかを見極めること。ターゲティングはどの顧客層を狙うかという戦略。最後のポジショニングは、同じ商品でも独自の強みを活かしたポジショニングを作ることで顧客を獲得することができるということです。

　サーフィンであれば、どんな場所で波乗りをするかを見定め（セグメンテーション）、さまざまな波の立つ場所から自分の板や自身の特徴によって乗る場所を決めます（ターゲティング）。さらにいい場所で波に乗りたいとたくさんの人が待っている中でも、波の性質を知っていれば、第二、第三の波がやってきて、そこを狙っていくことで競合が少なく楽に乗れる（ポジショニング）というわけです。

　サーフィンもビジネスも、**誰も真似せずに独学でやろうとし**

てもなかなか上達しません。 モデリングをして真似をしていくことで、ポイントをつかむことができたら、あとは繰り返していけばいいのです。

失敗を恐れず数をこなせば、どんどん上達していく。

　モデリングができるかどうかで、成功する確率は大きく変わります。達成したいことがあるなら、まず成功している人を探し、その人を真似することから始めてみましょう。

今日の質問
「目標を達成するために、あなたは何をどのようにモデリングしますか?」

食事中は
スマホを
バッグに
しまおう

スマホに時間を
支配されるな！
目の前の人との「今」に
存在感を示せ！

　日本に戻ってきたときに外で食事をしていると、**食事中にもスマホをいじっている**人の多さに**驚く**ことがあります。ファストフード店にいる中高生は、それぞれに無言でスマホをいじっていて、その合間に会話をする程度というのをよく見かけますし、公園で遊んでいる小学生もそれぞれにゲーム機で遊んでいる姿を見ます。世界中でこんな国はほかにはないと私は思います。

　以前、子ども達と旅行に行ったときに、事あるごとにスマホを見ているので注意をしたことがありました。歩きながら、食事中など、暇さえあればスマホを見ているのです。その時に滞在していたのがオーストラリアだったので、周りを注意深く見てみたところ、**食事中にスマホをいじっているのは全体の5％**

程度。そしていじっているのは、ほとんどがアジア人でした。もちろん、西欧人もスマホを持っているはずです。にも関わらず、**一切スマホを見ることなく目の前の人との食事の時間を思う存分楽しん**でいました。やはりそうでなくてはならないと、私は思いました。

　私が良く使う言葉に「**プレゼンス**」というものがあります。これは存在感という意味。先ほども書いたメラビアンの法則のように、

見た目や話し方、立ち振る舞いがすべて整うと存在感を発揮できる。

　たとえば、マイケル・ジャクソン。彼の素晴らしさは激しいダンスだけでなく、バラード曲でも引き込まれるような存在感を発揮することです。そういった使い分けができることが、彼のプレゼンスといえます。

　そしてプレゼンスには、もうひとつ、**自分から相手に与えるもの**という側面もあります。

食事中やデートをしている時に、そこにいる自分が上の空だったら、相手はそこに自分が存在していないように感じてしまうのではないでしょうか（そういう私もたまにやってしまうのですが……）。せっかく話をしていても、スマホを見ていると「じゃあ私ここにいなくてもいいじゃん」という気持ちになるはずです。ここに、**私もあなたも存在しているということをきちんと示し、会話をする**。そういったコミュニケーションが、人間関係において何より大切だと思っています。

プレゼンスを相手に与え、
一緒に過ごす時間を楽しもう

　「自分は食事や会話に集中したいんだけど、電話やメールが入るとどうしても気になって見てしまう」という人もなかにはいるでしょう。でも、その常に**「人のタイミングで生きてしまっている」**ことが**問題**だと私は思います。いわば自分の時間を、自由に使うことができなくなってしまっている状態です。

　電源を切るなり、飛行機モードにするなり、通知を切る方法はいくらでもあるはずです。そうやって**あなたとの時間を大切にしているということが伝われば、とても有意義な時間を過ご**

せるようになります。

いつでもプレゼンスを発揮できる自分でいよう！

今日の質問

「プレゼンスを高めるために、今日あなたができることはどんなことですか？」

海外で

使ってみよう

Uberを

「体験したこと」を あますことなく 自分のビジネスに 結び付けろ！

　皆さんは Uber を使ったことがありますか？ Uber は世界中で使えるタクシー配車を行うアプリのこと。このアプリの登場により、タクシーを並んで待つこともほとんどなくなり、道の途中でもタクシーをひろえるようになりました。

　これをぜひ海外で使ってみましょう。タクシーの行列のなか、Uber で呼んだタクシーに乗り込んで颯爽と目的地に向かう。これは**ステータスの問題ではなく、情報があればだれでも使える**ものです。

　海外のタクシーは怖いというイメージがあると思いますが、Uber は登録制なので変な人がいないというメリットもあります。こういった体験をすることで、こんなに便利なものが社会

にあるんだと気付くことができるのです。

　そしてその便利さに気が付くだけではなく、

体験を自分のビジネスに結びつける、
ビジネスマインドを持つこともできる。

　私は初めて Uber を使ったときに、こんな便利で革新的な
サービスを提供しているのはどんな会社なんだろうと調べて
みました。すると、Uber が単なるタクシー会社ではなくて、**人
や物をある地点からある地点へと運ぶというビジョン を掲げ
てさまざまな事業を展開している**ことがわかったのです。日本
でも Uber Eats の認知が広がってきていますが、それ以外にも
ドローンを使って物を運ぶサービスなども始めています。

　こうやって調べたら、これを自分のビジネスに活かせないか
と考えていくのです。いわゆる「3C 分析」という、Customer
（市場や顧客）、Competitor（競合）、Company（会社）につい
て分析していきます。カスタマーのどんなニーズを満たしてい
るのか、どんな競合がいるのか、どんな会社なのかに注目して
みるわけです。それがヒントになり、自分のビジネスにアイ
ディアがわくことがきっとあるはずです。実際私は、**Uber か**

ら発想を得て、今一つ新たなビジネスを始めようとしているところです。

　私は今までも、競合を調べるときは、**自分たちの業界だけでなく他の業界の会社も調べる**ようにしてきました。たとえば以前私が通信販売の会社につとめていたときには、他の通販会社ではなく、他業種でも今伸びている会社について調べ、自分たちのサービスに変換できないかと考えていました。

　便利なサービスを見つけ、体験したときこそチャンス。

高い視点、マーケッター視点で物事を見てみよう！

今日の質問
「今日、あなたはどのようなサービスを受け、何に活かしていきますか？」

海外で
Airbnb
を
利用
してみよう

「生活を体験する」ことで、旅は何十倍も濃密になる!!

　海外に行ったときに、ホテルに泊まる人が多いと思いますが、私はAirbnbを利用することが多いです。Airbnbとは世界各国の現地の人たちが、自宅などを宿泊施設として提供するインターネット上のサービスのこと。

　ホテルとAirbnbの大きな違いは、**観光ではなく「生活」を体験できる**ことにあります。その国のスーパーや市場に行って食材を買い、Airbnbの部屋に戻ってキッチンで調理をして食べることができるのです。

　海外生活を送ることは、それこそ誰かの家にホームステイするくらいしか考えられなかったわけですが、それが叶うようになったわけです。しかもそれをインターネットから簡単に予約することができる。これはすごいことだと私は思います。

　さらにAirbnbの面白いところは、自分もシェアする側にま

わることができること。Airbnbを提供する側としてビジネスを成功させている人も、世界には数多く存在します。

ホテルを選ぶときとAirbnbを選ぶときの違いは、「気分によって」というところです。ホテルは掃除などをしてもらえるので短期間の滞在のときには楽ではありますが、長期滞在のときは多くの体験ができることもありAirbnbを使うことが多いです。

とくに便利なのが大人数で泊まるとき。よく十数人のグループで海外に行くのですが、ホテルの部屋だと2，3人の単位で一部屋におさまることになり、せっかくの機会なのにコミュニケーションを深めることができません。そんなときは大きめの一軒家をかりてみんなで宿泊しています。ホテルに泊まるより、ぐっと距離が近くなるはずです。

「所有」を手放し、
世界を自由に体験せよ！

それと同時に、Airbnbは新たな時代の到来を感じさせるサービスでもありました。「所有」ではなく、「共有」。**所有しない**

ことで自由になれる時代がやってきたのだと、感じます。

　私の友人でも、海外に別荘やホテルの一室を持っている人は何人かいます。しかしそういう場所を持っていると、当然いつもそこに泊まることになります。そういう場所がなければ、いろんなところに泊まったり、体験ができるようになるわけですから、私はもったいないと思ってしまいます。

　これからの時代は、

「持っていないこと」が、
自由に生きていくポイントになる。

　私は世界中を旅する生活をしたいと思っているので、とくにそう感じます。

　Airbnb は今や、世界一の宿泊率をほこる会社。マリオットやヒルトンなど世界にはさまざまなホテルのグループ会社があり、自分たちで所有しているホテルでビジネスを展開しているわけですが、そこには限界があります。
　Airbnb は楽天市場などと同じようにプラットフォームを提

供することで、そこに登録をしてもらい手数料をとるというビジネスモデルで、世界一の宿泊率となっているわけです。ビジネスモデルとしても Airbnb には注目をしているところです。

世界は、どんどん
身近になっていることに気付こう！

今日の質問

「自由なライフスタイルを手に入れるために、今日あなたは何を
手放しますか？」

新しい
リュックを
買おう

やる気やモチベーションに頼るな！

　よく周りの人から、やる気が出ないとかモチベーションが……という言葉を聞くことがあります。

　ビジネスでも筋トレでもダイエットでも何でもそうだと思いますが、**やる気やモチベーションに左右されることは誰しもあります**よね。

　ですから、どのようにやる気をあげるかとかモチベーションをあげようかなんて考える人も多いはず。

　例えば、私の場合は筋トレが好きで週6日やるのですが、その度に、『**高梨さん、よくモチベーションが続きますね！**』と言われます。

　私の場合それらを続けるために『**環境**』を用意することにしています。

　例えば、

・**新しいトレーニンググッズを買って、憧れの筋トレ YouTuber と同じ格好をしてトレーニングしてみる**

・新しいリュックを買うことでジムに出かけたくなる

・テンションが上がる音楽を聴いて筋トレをする

等です。

そうすると、やる気やモチベーションが漲ってくるので
その日は気合いを入れて筋トレをすることができます。

ただ、これには大きな問題点があります。

やる気やモチベーションに頼ってしまうと、結果までやる気やモチベーションに左右されてしまい、人生にもビジネスにも大きなブレや波が起こって安定して向上させていくことができないのです。

ミッションやビジョンはあるか？

では、それらに頼らず継続し続け結果を出すにはどうしたら良いか？

それは、**ミッション（使命）、理念、ビジョン、目的や目標を持つこと。**

つまり、上位概念と言われるそれらを掲げることで、やる気やモチベーションに頼るのではなく、あなた自身の使命となり、**やる事が当たり前の状態になっていく**のです。

　この思考法を手に入れてからは、あらゆる事を継続し続ける事ができ、達成可能となっていったのです。

　例えば、私は独立してから５年間、毎日１日も欠かさず情報発信することができました。
　やる気とかモチベーションに頼っていたら数日で挫折していたかもしれませんし、途中で描かない日も出てきたでしょう。

　筋トレも週６日やると決めて、続けることができているのも、健康やエネルギーに重きを置いて、何よりも優先しているからです。

　つまり、長期的な視点で上位概念として掲げることによって毎日の小さな変化に左右されない自分になれるのです。

　是非あなたも成し遂げたいことを見つけて、使命や理念を掲げ、モチベーションに頼らず継続してやり切ってみてください

ね。

今日の質問

「あなたにはどのようなミッションがありますか?」

Give
&
Give
を
しよう

与えられることを待つな！与えることで人生は激変する‼

　「Give & Take」というのは、まず自分が価値を与えることで、初めて相手から何かを与えてもらうことができるという意味ですが、私は**見返りを求めずにとにかく人に与えることが人生をより豊かにする**と考えています。つまり**「Give & Give」**です。

　こういうことを言うととても大きなことを考えてしまいがちですが、与えるものは金銭的なものでなくてもいいですし、身近なことからでいいのです。**見返りを求めずに、人に感謝を伝えること、気持ちを伝えること。**それくらいの小さなことでも十分だと私は思います。たとえば奥さんに作ってもらった料理がおいしかったから感謝するとか、仕事で助けてもらったことにお礼を言うとか、そういうようなことです。

与えることを習慣化するだけで、人生は大きく変わる

　私は以前、高齢者の方にお化粧をしてあげるというボランティアに参加したことがあります。参加したのは、貢献したいという気持ちより、経験をさせてもらいたいという気持ちが大きかったからなのですが、終わってみると、おばあちゃんがとても喜んでくれて、なかには涙を流していた方もいました。

　その姿を見ていたら、自分がボランティアをした立場でしたが、**自分が与えるより多くのものを受け取った**のだと気が付きました。

　ほかにも、淡路島に行ったときに面白い施設に出会い、Giveの重要性を知ったことがあります。それは『musubi』という宿泊と食事ができるコミュニティスペースです。何が面白いかというと、**全てが Give で成り立っている**こと。

　宿泊をすると普通はお金をとりますし、レストランだって無料で食べられることはありません。しかしそこは一切お金を払わなくていい、その代わりにできることをやるというルールがある施設なのです。掃除や、料理などをすれば、お金を払う必要はありません。逆にそういったことはできないけど、お金があるという人は、「むすび券」というものを買って「musubi」

に置いておきます。そうすると次にお金がない人がきたときに、その「むすび券」を使って無料で宿泊することができるという仕組みになっているのです。

普通にお金を出して宿泊したり食事をとるというだけでは体験できない、大いなる循環を感じられる体験でした。

そして、ここからさらに面白いのですが、こういった循環は施設内だけではなく、大きく広がっていくのです。「musubi」のオーナーがセミナーで全国を回っていたときに、最初のうちは集客で苦労をしていたそうです。しかし「musubi」にゆかりのある人たちが日本全国にいたので、「次は○○に行くので集客をお願いします」と伝えていると、**だんだん人が集まるようになり、集客に困らなくなった**ということでした。

オーナーは四国にきたとき、あまりにもいろいろなことがうまくいきすぎてつまらないので、全部を捨ててお遍路まわりをしたそうです。地元の方が泊まっていきなよ、と声をかけてくれても申し訳ないと思い断っていたそう。すると、その方がとても残念そうな表情を浮かべていたので、**与えることも大事だけれど、受け取ることも大事**だと気付いたといいます。

よく「偽善」などという人がいますが、**「やらない善よりやる偽善」**だと、私は思います。そしてお金のやりとりで得られるような「Give & Take」より、

「Give & Give」が、
人生を豊かにしてくれる。

そして普通に生きていれば、**与えるより与えられているほうが実は多い**のではないかと私は思っています。たとえば、周りの景色を見渡してみてください。あなたの周りにあるほとんどのものが人工物ではないでしょうか。私は自然が好きなので人工物に囲まれる生活が嫌だと思う反面、**これをひとりひとりが作っているんだと思うと人間の力を感じられずにはいられません**。

このように視野を広げれば、あなたの周りにある、ありとあらゆるものが**与えてもらったもの**だと言えるはずです。

感謝し、豊かさの循環を
広げていこう！

今日の質問

「今日、あなたは何を与えられますか？」

tribe
を
作ろう

心の底から信頼しあえる tribe で、
自分を表現しろ!!

　tribeとは種族という意味。絆の深い仲間やコミュニティを作ろうということです。ひとりでビジネスをしたり、生きていくよりも、影響力を持つコミュニティやグループに入ることで、**より大きな力を発揮できる**ようになると私は思っています。ひいてはそれが収入にもつながるでしょうし、よりチャレンジができる環境になっていくはずです。現代では個人の力が叫ばれていますし、会社という組織から離れた私がこんなことを言うのは意外かもしれませんが、私が提唱するのは少し違います。

自分では選べない
組織や団体から一旦離れ、
自分が本当に好きな人との
コミュニティを構築しろ!!

ひとりで考えることとみんなで考えることでは、**可能性が大きく変わる**と私は思っています。自分ひとりでは無理だということも、みんなとならできると思えるはずです。**理念やビジョンがあったとしても、ひとりでそこに向かっていくのはそんなに簡単なことではありません**。誘惑があったり、自分を信じられなくなったり、挫折を味わうこともあるでしょう。しかしそんなときでも、

仲間がいれば、お互いを引き上げ、一緒に進んでいくことができる！

　仲間を集めるためには、**自分の理念やビジョンを掲げる**必要があります。そうすることで共感してくれた人が、周りに集まってくるわけです。私も今では数百人のそのような仲間に恵まれ、お互いを刺激しあっていますが、**最初からそうだったわけではありません**。

　私が初めて開催したセミナーは数年前の沖縄。その**出席者はたったの3人**で、そのうちのひとりがコミュニティに入ってくれました。その後、何十回何百回とセミナーを繰り返し、数多くの仲間が増えていきました。なかには私は崇拝してくれる人

もいたし、逆に私を非難して去っていく人もいました。一度セミナーに参加してくれたからといって、ずっと仲間として一緒に過ごせるわけでもありません。それでもそういった**ひとりひとりがいなければ、今の私はない**のです。大げさではなく、みんなに感謝の気持ちをもっています。

自分を制限せずに理念やビジョンを思いっきり表現してみよう！

　そうすればきっと仲間が集まってくるはずです。最初からたくさんの人が集まってくるわけではないでしょうが、そこで**あきらめてはいけません**。地道にコツコツと続けていけば段々と仲間は増えてくるはずです。そして**仲間はたくさんいればいいというものではなく、本当にあなたの思いに共感している人が集まってくれることが重要**なのだと私は思います。

必ずやその仲間たちが、助けてくれる‼

今日の質問

「あなたの tribe を作るために、どのような理念とビジョンを掲げますか？」

引っ越しを
しよう

自分の成長をとめる、
「所有」に埋もれるな!!

　皆さんはどれくらいの頻度で引っ越しをしていますか。**引っ越しをすると気持ちが大きく変わります**。新しい生活を想像するだけでも、あなたにも変化が訪れるはずです。どんなところに住みたいか、想像してみましょう。

　さらに引っ越しの大きなメリットとなるのが、物を捨てられるということ。

今の自分にとっているもの、
いらないものを考える機会になる。

　以前の私は持ち家がありましたが、今は2年に一度くらいのペースで引っ越しをしています。最初はやはりいいところに住みたいという思いが強く、回数を重ねるごとにランクアップしていく感じでしたが、港区に住んだらもう満足してしまい、次

にどこに引っ越すかを考えたときに出てきたのが、**「自然の近く」** とか **「商店街のある場所」** でした。

　港区のマンションは窓が開けられないですし、近くに買い物をできる場所もなく、私にとっては合う場所ではありませんでした（笑）。しかしこれも実際に体験してみてわかるものですし、引っ越したこと自体はいい経験になっています。次は武蔵小山か、戸越銀座か……そんなことを考えていました（結果まったく違うバンコクになりましたが）。

　引っ越しをして今よりも少しいい場所に住んで、そこの家賃をまかなうためにがんばるという人もいます。芸人さんでもよく聞く話ですよね。いい家に住むと、大きい仕事がもらえるというジンクスのようなものですが、これはあながち間違っていないと思います。私も今、事務所を持っているのでそこの家賃を払っていかないといけないわけですが、**維持するためにがんばろうと思い、自然と仕事に力が入ります。**

いい家に住めば、環境が良くなり、仕事の質が高まる‼

　持ち家があって、一生この家に住む予定という人もなかには

いるかもしれませんが、こういった「所有」は、実は人間の成長を止めかねないと私は考えています。もちろんそれぞれに考えはあるでしょうが、**自分がその時に求めるものに応じて住む場所を変えるほうが、成長を促してくれる**のではないかと思うのです。

　しかし**持ち家を持たずに引っ越しをしていても、根本的な考え方が変わっていなければ、いい変化は起こらない**と思います。サラリーマン時代に通勤に往復４時間かかっていたことがあって、これではいけないと会社の近くに引っ越したことがあります。これで生活がよくなるはず！と思ったのも束の間、会社にいる時間がさらに増えて、完全に会社の奴隷、社畜状態になってしまい、まったく意味がありませんでした。しかしその時の私は、それでいいのだと思っていました。家族のために会社に長い時間拘束されてもしょうがないと。

　自分で時間を作ろうという思いがないために、どんなに場所を変えても起こる現実は同じだったのです。こうならないためにも、**自分が本当に欲しいと思っているものを得るにはどういうことが必要なのか、常にクリアにしておく**ことが大事だと私は思います。

変化を恐れず、
気軽に引っ越しをできる
自分でいよう！

今日の質問

「次にあなたが住みたい場所はどこですか？」

自分でコント

ロールできるものに投資をしよう

何にも左右されないものに、すべてを費やせ‼

　私が作っているコミュニティのなかに「キングダム」という
ものがあるのですが、キングダムとは「王国」のこと。それは
私、高梨陽一郎の王国、という意味ではなくて、**ひとりひとり
が王国を築き、自分の人生を生きようという意味**が込められて
います。それを実現させるためには自分のビジネスをもつ必要
があります。

自分でコントロール
できるものにこそ、投資を‼

　**情報や相場などは、自分ではコントロールすることができま
せんから、こういったものには一切投資しません**。そのかわり、
自分がコントロールできるものには惜しみなく投資をします。
私が投資をしているのは、次の3つの分野です。

ひとつめは**ビジネススキル**。今は自分のビジネスのためにコンサルを何人もつけていますし、その道のプロから学ぶことがとても多いと感じています。以前の私は自分で何でもやろうとしていたので、お金はかかりませんでしたが、時間と労力がかかって結局クオリティは素人同然の結果になってしまっていました。これではだめだと思い、プロに投資をすることにしたのです。そうすると一気にクオリティと結果が変わりました。自分自身のスキルを高めることやビジネスで結果を出すことはもちろん、そのノウハウを仲間たちに共有することで、多くの価値を生み出すことができています。

　もうひとつは、**健康やエネルギー**。先ほども書いた、食事、運動、睡眠という３つの要素に加えて、常にハイパフォーマンスを提供できるように、**環境にも投資**をしています。私が大事にしているものを、「３つの間」と呼んでいるのですが、その３つとは、**エネルギーの高い仲間と、エネルギーの高い空間で、エネルギーの高い時間を過ごす**こと。

人生がより豊かになり、
そのエネルギーが循環して
良い輪が広がっていく。

　環境、つまり私がエネルギーの高い空間だと思うのは、主に電波の届かないところ（笑）。東京には大切な仲間がいますし、事務所もあるために定期的に帰ってきますが、正直疲れてエネルギーが下がってしまうこともあります。そんなときは、**パワースポットに行ってエネルギーチャージ**するのです。セドナ、ハワイ島などパワースポットと呼ばれるような場所がお気に入りです。

　そして、最後は**経験や体験、思い出**への投資。私のコミュニティでは、常に体験型の学習を取り入れています。**非日常体験から得るものは大きく、特に海外に行くと日本では考えられないことが起こるので、その度にサバイバル能力や経験値が上がってグローバルに活躍できるようになっていきます。**そして経験や体験、思い出は、そこで体感したあなたや一緒にいる仲間とのもので、**教科書やネットに載っている情報とは一線を画したもの**なのです。

　あなたもぜひ、自分でコントロールできるものに投資をして

みてください。

その投資が、人生をより豊かにし、
成長や貢献、そして成功へと導く!!

今日の質問

「人生を向上させるために、あなたは何に投資しますか?」

新しい
価値観を

手に入れる
ために、

古い
神話を
捨てよう

自分の神話は、
自分で作れ!!

　時代が大きく変わっている今、**「所有」の時代は終わり、「共有」の時代がきている**と感じています。そんななか、私のライフスタイルは非常にシンプル。車や家など自分が所有しているものはほとんどなく、少ないもののなかで生活をしています。それは世界中を飛び回るからでもありますし、定期的に引っ越しをしているということもありますが、私の根本の、ある考え方が大きく影響をしているのです。

　私が提唱しているのが、**グローバルリッチミニマリスト**という生き方。それは**新しい時代の生き方を手に入れるために、色々な物を捨てて自由を手に入れる**という生き方です。

　たとえば新しい価値観を手に入れるために、古い神話を捨てること。古い神話というのは、終身雇用や、35年ローンで家を買うことや、ステータスの高い車があれば幸せというような、古い価値観です。私も最初はそれを信じてサラリーマンを

やっていたわけですが、その**幸せはいつまでたってもやってこ
なかった**のです。その代わりにどんどん身動きがとれなくな
り、辛い人生を送ることになってしまいました。

　そんな時に、新しい価値観を示してくれる人たちがいまし
た。自分が望むものを求めていいんだ、そんな生き方があるんだ、
そうやって生きていいんだと、衝撃を受けたのです。その新し
い価値観のために、私は古い神話を捨てました。世間では、自
分たちの常識からずれた私たちのような存在を叩く人もたく
さんいます。幸い私の親はそんなことはありませんでしたが、
**堅実に、真面目に生きていくということを子どもに課し、子ど
もも親から引き継いだ価値観を頑なに守っている人がたくさ
んいます。**

　今の日本に蔓延している古い神話は、戦後に作られた価値
観。高度成長期のときはそれでよかったかもしれませんが、今
のように経済が低迷している時代に、**自分が変わらないという
のは衰退を意味します**。だから私はそれらを捨てて新しい価値
観で生きようと実践してきたわけです。

人生の大きな決断をした時には、必ずと言っていいほど別れがある。

　私は起業をした時に、ほとんどの人間関係を精算しています。今まで関わってきた人たちに感謝はもちろんありますが、自分が考え方を変えてしまった以上、それまで一緒にいた人との人間関係を続けるのは難しいものです。後ろ髪を引かれる思いや、未練を残しながら別れる時もありましたし、そのせいでなかなか次に進めない時もありました。

何かを捨てなければ、人生を大きく変化させることはできない‼

　そうしなければ、次のステージには辿り着けないと私は考えています。

　あなたが「次のステージに行けない」、そう感じているなら、もしかしたら捨てられない何かを抱えているのかもしれません。もしあなたが**思いっきり人生を変えたいと望むなら、思い**

切って大きな決断をしてみましょう。

　私の好きな言葉に、インド独立の父、マハトマ・ガンジーの
こんな言葉があります。

　「世界に変化を望むなら、自らがその変化となれ」

　それは痛みを伴うものかもしれないし、別れや何かを捨てな
ければいけないかもしれない。でもそれがあなたを次のステー
ジへ、大きく飛躍させるものなのです。

恐れず、前に進もう！
その決断があなたの人生を、
大きく変える!!

今日の質問

「人生を大きく変えるために、あなたは何を捨てますか？」

あとがき

　24歳の時に父を亡くし、大きな借金を抱え未来を憂いていた私は、ある一冊の本と出会い、人生を大きく変えるきっかけを手に入れました。

　その本とは、ロバート・キヨサキ氏の『金持ち父さん 貧乏父さん』でした。学生時代からアメリカンフットボールしかやってこなかった私は、ビジネスにも勉強にも向き合ってこなかったため、社会に放り出された時には、年相応の知識や経験が備わっていませんでした。

　借金を被ることも、相続放棄という言葉さえもよくわからない状態で、生きた心地もしないなか、ただただ現実逃避をするかのように本を読み漁っていた記憶があります。

　当時の私の夢はハワイに住むことでした。場所こそタイのバンコクにはなりましたが、海外に住むという夢をこの一冊の本がきっかけで叶えることができたのです。

　夢を諦めかけていた私に一冊の本がその夢を繋いでくれたように、拙著が当時の私のように未来を憂いている人の人生

に、一筋の光を当てることができるのであれば、世の中に出す意味があるのだと思い筆を執りました。

　私には人生を大きく変えてくれた3人のメンターがいます。
　1人目は49歳という若さで亡くなった父親、2人目はRIZAP株式会社の瀬戸健社長、そして独立後に一番近くで私を引き上げてくれたリッツコンサルティングPET.LTD.代表取締役の井口晃さん。3人のメンターによって眠っていた能力が引き上げられ、今の私が形成されました。

　出版に際し、株式会社Clover出版の小川会長、小田社長兼編集長、ライターの上野さんには、素人同然の私に一からこの業界のことを教えていただき、実に3年以上の年月をかけて、本書が世の中に出ることになり大変感謝しております。

　そして、いつも私を応援してくれる家族、チームメンバー、仲間、読者の皆様、私の人生を大きく変えてくれた3人のメンターに感謝を込めて、私のあとがきとさせて頂きます。

高梨 陽一郎

高梨陽一郎 （たかなし・よういちろう）

1974 年千葉県生まれ
株式会社 GLOBAL POWER EXPERT　代表取締役

　アメリカンフットボールと出会い、実業団トップのＸリーグに至るまで 17 年間プレイ。24 歳の時に 9 億円の借金を抱え父が他界。「金持ち父さん 貧乏父さん」の影響を受け、多額の資金を投資に投入し、インターネットビジネスと出会うも情熱が感じられず引退。

　その後、某有名上場企業に入社 3 か月後に、子会社の社長に就任。他 2 社のグループ会社代表を経験。

　現在、タイのバンコクに在住。教育事業、プロモーション・プロデュース事業、海外事業他を手がける一方で、仲間たちと世界を旅するコミュニティを持ち、『世界を旅するパワーエキスパート』として自由なライフスタイルを送っている。

編集協力／上野郁美

装丁／冨澤 崇（EBranch）

イラスト／滝本亜矢

校正協力／大江奈保子

編集・本文design＆DTP／小田実紀

会社の鎖から自由になる 決断の練 習（エクササイズ）

初版1刷発行 ● 2020年4月21日

著者

たかなし よういちろう
高梨 陽一郎

発行者

小田 実紀

発行所

株式会社Clover出版

〒162-0843 東京都新宿区市谷田町3-6 THE GATE ICHIGAYA 10階　Tel.03(6279)1912　Fax.03(6279)1913
http://cloverpub.jp

印刷所

日経印刷株式会社

©Yoichiro Takanashi 2020, Printed in Japan
ISBN 978-4-908033-65-0　C0030

本書の内容に関するお問い合わせは、info@cloverpub.jp宛にメールでお願い申し上げます